ICH BIN MEHR ALS MEINE TRAUMATA

GEDICHTE, DIE DIE SEELE BEWEGEN

Herausgegeben von

Leona Stark

Neuauflage

Bibliografische Information der Deutschen Nationalbibliothek:
Die Deutsche Nationalbibliothek verzeichnet diese Publikation in der
Deutschen Nationalbibliografie; detaillierte bibliografische Daten sind
im Internet über http://dnb.dnb.de abrufbar.

© 2021 Leona Stark

Herstellung und Verlag: BoD – Books on Demand, Norderstedt

ISBN: 9783752685565

Ich widme dieses Buch meinem Mann,
meiner Familie,
meinen Freunden und Therapeuten,
ganz besonders jedoch meinem Sohn.

Mein Name ist Leona Stark.
37 Jahre alt, Mutter, Ehefrau und
chronisch krank.
Ich leide unter einer komplexen PTBS,
einer posttraumatischen Belastungsstörung.

Durch diese sehe ich einige Dinge „anders".
Mit dem Aufschreiben meiner Gedanken
verarbeite ich die Erlebnisse besser.

Lesen Sie selbst, sehen Sie die Welt
für den Moment mit meinen Augen.

Prolog: Mein inneres Ich

Ich bin nicht mehr, wer ich mal war - in keinster Weise, nein
Und auch, obgleich der Wunsch so groß, nichts wird wie früher
sein

Als Kleinkind hab ich viel gelacht, war jedem zugewandt
Nie ängstlich, stets euphorisiert, war auf's Leben gespannt
Auch in der Schule war ich stets ein aufgeschlossenes Kind
Mit Freud' und Neugier hatt' ich mich auf's Lernen dort besinnt
Die Jahre waren unbeschwert, behütet und doch frei

Ich lebte meine Kindheit aus, verspielt und sorgenfrei
Ich fühlte stets das Glück in mir und wurd' von allen geliebt
Hätt' nie gedacht, dass eines Tages dieses Sein versiegt
Die Uhren stehen niemals still und jede Zeit vergeht

So schien meine Kindheit plötzlich wie vom Wind verweht
Denn als das Böse Einzug hielt, ich war gerad' elf Jahr
Verdunkelte sich meine Welt, ich war dem Abgrund nah

Die Unschuld, die ich in mir trug, das Kindsein, es verschwand
Er hat die Fröhlichkeit des Tag's in Finsternis verbannt
Doch die Hoffnung gab mir Tag für Tag einen neuen Sinn

So gab ich mich dem Leben weiter, wenn auch triste hin
Die Jahre der Verdrängung zogen leis' und still ins Land
Ich hatte das Geschehene meist nicht beim Namen genannt

Mit Willenskraft und Ehrgeiz schuf ich meine kleine Welt
In der Respekt und Anerkennung durch Leistung war, was zählt
Erfolgreich und geschätzt zugleich, ich dacht' ich hätt's geschafft

Jedoch war die Verdrängung allgegenwärtig, geisterhaft
Denn was in mir geschlummert und gebrodelt hat bei Nacht
Hat am Tage immer wieder stete Angst entfacht

Und dennoch wollte ich der Welt mein Urvertrauen schenken
Schließlich war an Wiederholung dessen nicht zu denken
Bis 20 Jahre später aus dem Nichts ein enger Freund

Gedankenlos die Illusionen mit dem Jetzt vereint
Und wieder war ich hilflos und nicht fähig, mich zu wehr´n
Zurückversetzt ins elfte Jahr, in den Fängen eines Bär´n

Seit diesem Tage frag ich mich ständig nach dem Sinn
Wieso, weshalb, warum ich wohl auf dieser Erde bin
Vielleicht wurd´ ich geboren um zu kämpfen, Tag um Tag
Zu zeigen, dass es weiter geht, ist es auch noch so hart

Die Bilder und Erinnerungen sind ein Teil von mir
In Gedanken schweif ich ab, bin nicht im Jetzt und Hier

Doch eines weiß ich ganz genau, so wird´s nicht ewig sein
Ich kämpfe weiter, mit dem Ziel, meine Seele zu befreien

Heut´ bin ich 37 Jahre und ich bin zu Haus
Ich lieb´ was ich geschaffen hab und mach´ das Beste draus

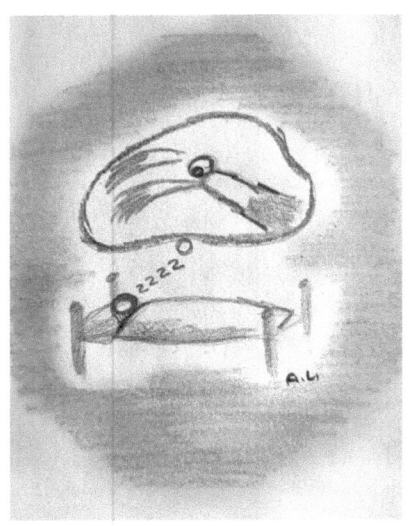

Alpträume

Die Augen klimpern leis´ im Chor
    Gedanken strömen prompt hervor

Zu früh, die Nacht ist nicht vorbei
    Und wieder diese Träumerei

Da lieg ich grübelnd in meinem Bett
    Als ob ich Schlaf nicht nötig hätt´

Möcht´ es gern nochmal versuchen
    Auch wenn sie mich im Traum besuchen

Bin so müde, abgekämpft
    Meine Sinne sind gedämpft

Bin so müde, abgekämpft
Meine Sinne sind gedämpft

Ängstlich schließ´ ich meine Augen
Etwas Schlaf noch zu erlauben

Die Nächte, wie im Hamsterrad
Frag´ mich, was ich verbrochen hab´

Lasst los, lasst ab von meiner Welt
bevor sie auseinander fällt

Die jene, die mich schwer verletzt
Sind in meinem Kopf vernetzt

Sind stetig da, geben keine Ruh´
Ich bin gefangen im Passepartout

Doch eines Tages, ganz gewiss
Bekommt der Rahmen einen Riss

Dann brech´ ich aus und schließe ab
Mit dem, was ich erlitten hab´

Die Träume werden nicht ewig sein
Auf Sturm und Regen folgt Sonnenschein

Ich werde kämpfen für meinen Frieden
Und das Leid in mir besiegen

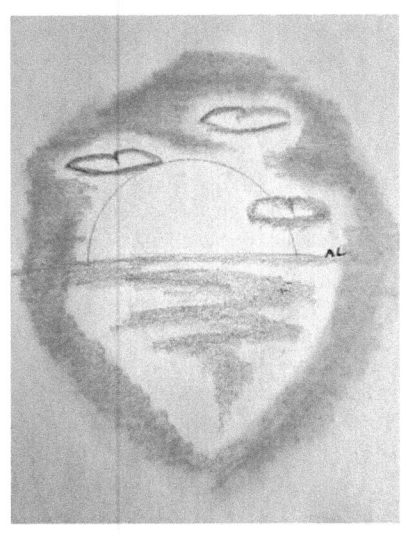

Am Abend

Wenn langsam sich das Sonnenlicht
Dem Horizonte nähert

Und wunderschöne Himmelsfarben
unseren Augen beschert

Wenn dort, wo Tags ein sanftes Blau
Die Erde sacht berührt

Ein Aquarell aus Rot und Gold
Zum Träumen uns verführt

Dann schwinden abermals die Stunden
Rasch vergeht die Zeit

An jedem Abend spüren wir
Des Lebens Vergänglichkeit

Die Vögel oben am Himmelszelt
Ihr Zwitschern leis´ verstummt

Und nebenan die Mutter ihrem
Kind ein Liedchen summt

Die Helligkeit des Tages weicht
Der Dunkelheit der Nacht

Wo nun anstatt der Sonne schier
Der Mond am Himmel lacht

Augen des Nebels

Die Augen sind geöffnet, doch
Sie können schlicht nicht sehen
Ein Schleier, Panoramabild
Der Nebel bleibt bestehen
Undurchdringlich, dicht und grau
Der Blick scheint wie vereist
So sehe ich dich an, doch
Nichts erkennend, wie zumeist
Der Nebel steigt mir in den Kopf
Verdunkelt mir den Sinn
Und fernab der realen Welt
Geb ich mich diesem hin
Versunken in den Bildern dieser
unvergessenen Zeit
Wo meine Seele ungehört
So laut um Hilfe schreit
Wo unermüdlich auch mein Körper
Weint, vor Schmerz sich krümmt
Ist dieser fremdlich, längst nicht mehr
Für meine Seel´ bestimmt
Die Finsternis schwebt über mir
Und schwärzt der Sonne Schein
Entführt mich aus dem Jetzt und Hier
Vereinsamt und allein
So blicken meine Augen stets
geöffnet in die Welt
Doch sehen nur verschwommen und
vernebelt, was gefällt
Ängstlich, doch auch zugewandt
Im Spiegel mein Gesicht
Die Augen schauen feucht nach vorn
Denn Hoffnung spendet Licht

Das Schöne

Definiere das Schöne, erkläre es mir
Ist es Himmel, Hölle, Mensch oder Tier?
Trägt es Farbe, so bunt wie ein Regenbogen,
oder schwarz, oder weiß, von grau durchzogen?
Ist es eckig und kantig, hart wie Stein,
oder seidig-sanft und strahlend rein?

Ist es kalt wie Eis, oder funkelnd wie Schnee
oder klar und warm, wie im Sommer ein See?
Das Schöne, ich frag mich, wo find ich es bloß,
eher winzig klein, oder groß und famos?
Kann ich es spüren, mit Haut und Herz?
Schenkt es mir Freude, oder gar Schmerz?

Ist es ewig im Sein oder vergänglich wie Zeit?
Besteht es im Lieben oder im Leid?
Das Schöne, so denk ich, ist tief in uns drin,
es gibt dem Dasein einen weiteren Sinn.
Wir können es spüren, riechen und sehen,
während wir durch unser Leben gehen.
So öffnet die Augen und fürchtet es nicht,
es ist im Dunkeln, sowie auch im Licht.

Es ist alles und jeder, es ist hier und dort,
wir können es finden, an jedem Ort.
Das Schöne ist alles, was uns gefällt
und das dunkelste Dasein sanft erhellt.

Das Schöne ist nicht zu definieren,
es scheint in allem zu existieren.

Blumenwiese

Ein Meer in bunter Farbenpracht
Wie Regenbögen schön
Im Winde sachte wiegend sind
Die Blüten anzusehen
Genährt durch Regen und Sonnenschein

Getragen von Mutter Natur
So präsentieren sie sich stolz
Mit ihrer Schönheit pur
Ein sanfter Hauch, ein feiner Duft
Betörend süße Brise
Ich atme ein, ich atme aus
Ruhend auf der Wiese
Welch´ Zaubermacht in dieser Welt
Welch´ Wunder hier geschehen
Zum Trotze jedes Unwetters
So kraftvoll dazustehen

Und fernab jeder Arroganz
Brüsten sie sich auf
In der Sonne bunter Glanz
Wie Glühwürmchen zuhauf
Ein leises Summen nähert sich mir
Die Bienen fliegen herbei
Sie scheinen, wie in Trance versetzt
Als wär´s die Loreley
Noch einmal schließ´ ich meine Augen
Fühl´ mich grenzenlos
Genieße diese Freiheit schier

In Mutter Natur´s Schoß

Bergweg

Aus wundervollen Kindertagen
Ist ein Weg entsprungen
Auf dem sich Leid und Schmerzen schier
Wie Berge aufgedrungen
Schweren Fußes stapfe ich
die Hänge auf und ab
Der Atem, ja die Luft zum Atmen
Auf den Gipfeln knapp
Oft fehlt der Mut und auch die Kraft
Die Höhen zu erklimmen
In meinem Kopf erscheinen mir
Des Scheiterns laute Stimmen
Die Traumata ganz tief in mir
Sie weisen einen Weg
Der mitten durch's Gebirge führt
Ein schmaler, langer Steg
Es ist beinah´ unmöglich
in die Täler abzubiegen
Solange ich die Berggipfel
Nicht allesamt bestiegen
So schreite ich nach einer kurzen
Ruhepaus´ hervor
Mit Blick nach oben steige ich
Den nächsten Berg empor

Dämonen

Welch´ Geister sind in meinem Kopf
Dämonen tief in mir
Sie schwirren in der Achterbahn
Gedanken im Visier
Sie rauben mir die Sicht auf alles
Was so schön erscheint
Und projizieren einen Film
Von meinem schlimmsten Feind
Ungeachtet, jeder Zeit
Egal, ob Tag, ob Nacht
Sie legen über meine Sinne
Ihre dunkle Macht
Hilflos schein´ ich ausgeliefert
Fühl´ mich so allein
Ein letzter Funke Kraft in mir
Versuch´ mich zu befreien
Lautlos schreiend, ungehört
Mit unsichtbaren Tränen
Schäm´ ich mich, vor anderen
Die Geister zu erwähnen
Was habe ich getan, dass sie mich einst
haben heimgesucht
Und seither über all mein Sein
gelegt haben, diesen Fluch
Ich weiß, die Schuld liegt nicht bei mir
Doch sag´ das den Dämonen
Die so lange Zeit schon tief
in meiner Seele wohnen

Der Garten meiner Großeltern

Aus früher Kindheit kenn´ ich ihn
Fast dreißig Jahre her
Versteckt im Wald, an einem See
Vermisse ihn so sehr
Der Garten meiner Großeltern
Inmitten der Natur
Wo alles noch so friedvoll schien
Von Trauer keine Spur
Ein Bungalow in Rot und Weiß
Mit Liebe ausgebaut
Samt allem, was das Herz begehrt
Zwar klein, doch so vertraut
Bei jedem Wetter war der Garten
Einfach wunderschön
Ob Regen, Sonne oder Schnee
Schier herrlich anzusehen
Was meine Großeltern hier schafften
War ein Paradies
Als Rückzugsort in Ruh´ und Frieden
Das Plätzchen sich erwies´
Was habe ich als Kind
an diesem Ort gespielt, gelacht
Hab´ unbeschwerte Jahre hier
In der Natur verbracht

So denk´ ich heut´ noch lächelnd
Und auch dankbar dran zurück
Bewahr´ mir die Erinnerung

Mit demütigem Blick

Ein neuer Tag

Der Raureif auf der Wiese funkelt
In der Sonne Glanz

Die ersten Vögel zwitschern
Zeigen ihren Morgentanz
Die Augen noch nicht wach und doch
Kann ich den Zauber sehen

Der heut´, so wie an jedem Morgen
Auf´s neue mag geschehen

Was eben noch in Dunkelheit
Verborgen in der Nacht
All das strahlt nun im Sonnenlicht
Die Welt, sie ist erwacht

So öffnet eure Augen, seht
Was magisch hier entsteht

Denn altbekanntes wird zu schnell
Vom Wind der Zeit verweht
Schaut hin, wie Klee und Blüten aus
der Wiese steigen empor

Hört hin, was die Natur uns flüstert

Leis´ und sanft ins Ohr
Mit jedem neuen Tag erwacht
Die Welt im neuen Schein
Ergreif´ die Chance zu leben und

Das Glück wird deines sein

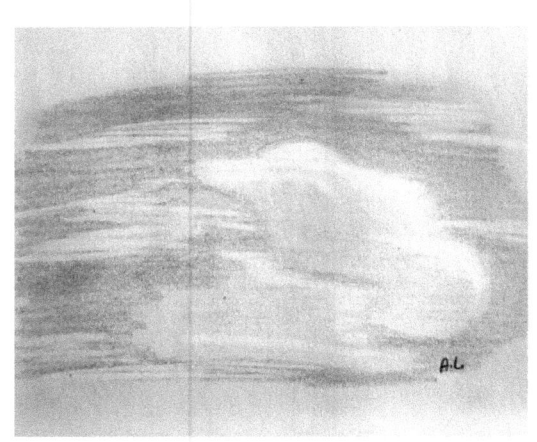

Der Himmel

Blau, Türkis und Grau und Schwarz
Und Rot, Orange und Gelb
Was über uns an jedem Tag
Verdunkelt und erhellt
Unerreichbar, unendlich
Die Weite, undenkbar
Nicht zu greifen, unantastbar
Dennoch immer da
Allumfassend, jederzeit
Von überall zu sehen
Ist seit jeher und wird alle
Zeiten fortbestehen
So kleidet er die Erde und
die Himmelskörper ein
Alles, was in ihm besteht
Ist denkbar klitzeklein
Ich schau hinauf und fühle mich
So leicht und auch so frei
Die vielen Farben, wunderschön
Wie Seidenmalerei
Nichts und niemand, hier und dort
Wird ihn in Gänze sehen
Nichts und niemand wird jemals
Den Himmel ganz verstehen

Die Elemente

Feuer, Wasser, Erde, Luft
Gewalten jener Zeit

Ohne diese gäb´s kein Sein
Kein Leben, weit und breit
Wo Feuer wütet, heiß und hell
Und Flammen steigen empor
Wo mancher nur Zerstörung sieht
seh´ ich der Erde Tor
Aus Kratern steigen Lava und
Feuerfontänen auf
Der Blick hinein, ins Herz der Erde
Zeigt ihren Lebenslauf
Die Erde hält für alles Leben
Nährstoffe bereit
In ihr gedeihen Pflanzen tief
Was Mensch und Tier erfreut
Gesteinsarten und Salze findet man
in ihr verborgen
So bildet aus vergangener Zeit
die Erde sich von morgen
Im Inneren des Landes ruht
des Wassers reine Quell´
Für alles Leben dieser Welt
ist dieses essenziell
Wo manch einer sieht fasziniert
Das Meer als Urlaubstraum
So bietet es im Inneren
den größten Lebensraum
Durch etwas werden alle Wunder
der Natur vereint

Die Luft als Bindeglied von allem
unsichtbar erscheint

Sie trägt die Saaten, Feuchtigkeit
und Sauerstoff mit sich
Schürt Feuer, Wellen und Pflanzenwelt

Seit jeher - ewiglich

Die Nacht

Das Licht des Tages im Dunkeln schwindet
Der Mond sich durch die Wolken windet
Das Leben sich der Stille beugt
So ist die Nacht dem Tag gefolgt
Ein leises Rauschen im Geäst entsteht
Der Wind sich sacht in den Bäumen legt
Ein Meer in der Ferne, leuchtend rein
Die Ewigkeit scheint so nah zu sein
So bewegt und doch leis´, die Tiefe der Nacht
In uns ein Gefühl der Ruhe entfacht
Das Rascheln der Wiese, ein Zirpen im Gras
Ein Adler am Rande des Feldes saß
Ein sanfter Schleier als Nebel erscheint
Die Erde, den Himmel sichtbar vereint
Im Glanze des Mondes ein Tropfen am Blatt
Welch´ Funkeln, welch´ Zauber Raureif hat
Und wenn der erste Sonnenstrahl
Im Bilde der Nacht erscheint
Entsteht die Morgendämmerung
Welche Nacht und Tag vereint

Lasst ab…

Wer seid ihr denn, dass ihr mir sagt
Wie ich mich zu verhalten hab

Erblindet seht ihr lediglich
Was ich euch zeig´, das bin nicht ich
Ihr seht mich an, doch seht mich nicht
Maskiert zeigt sich euch mein Gesicht

könnt mich schlichtweg nicht verstehen
Könnt die Erinnerungen nicht sehen
Ihr könnt nicht spüren, was in mir
stets wütet, wie ein wildes Tier

Ihr könnt nicht fühlen, wie es ist
Wenn der Geist wie ein Narzisst
Nicht ablässt von der Seele mein
Und Wohlgefühl belegt mit Pein

Ihr seid imstande nie und nimmer
Zu begreifen meinen Kummer
Auch so sehr ihr es versucht
Könnt mir nicht nehmen diesen Fluch
So haltet ein und sagt mir nicht
Wie ich in eurem Angesicht

Mich zeigen und verhalten soll
Denn dies ist wahrlich mühevoll
Ich kann und will nicht sein was ihr
Euch zu erhoffen scheint von mir

So fleh´ ich, nehmt mich wie ich bin
Oder zieht geschwind dahin

Ein Stück Glück

Wenn Schmetterlinge kreisen
Und der Kopf dreht sich geschwind
Dann nennen wir es Liebe
Die vom Glück wurde bestimmt
Wenn unsere Augen tränen
Weil wir lachen ohne End´
Dann ist es wahre Freude
Die des Glückes sich bekennt
Wenn alle Augen groß
Und auch das Herz den Hochsprung wagt
Dann nennen wir es Stolz
Welcher dem Glück wird nachgesagt
Doch haltet ein und fragt euch
Ist es wahrhaft dieses Glück
Wär´ alles andere nichtens
Ohne dieses kleine Stück
Wär´ Liebe und auch Freude
Und gar Stolz kein Teil von uns
Wenn wir nicht lägen alles
In des reinen Glücksursprungs
Ich kann´s nicht greifen, nicht erklär´n
Ich kann´s nicht definieren
Ein Stückchen Glück in jedem von uns
Scheint wohl zu existieren

Familie

Familie - welch´ ein starkes Wort
Es zeugt von gleichem Blut
Meist unverkennbar ähnlich
Durch dasselbe Erbgut
Doch was ist noch zu nennen
Neben gleicher DNA
Ich sage euch, so vieles
Kaum in Worten darstellbar
Im Glücksfall schenkt die Liebe
Der Familie ihren Schein
In diesem Kreise möge niemand
Je alleine sein
Und was steht außer Liebe
Noch in dem Zusammenhang
Wo jeder zu dem anderen steht
Und das von Anfang an
Zusammenhalt, Geborgenheit
Und pures Urvertrauen
So können wir in jeder Lage
aufeinander bauen
Die Zukunft der Familie
Gilt als allergrößtes Gut
Drum geben wir stets weiter
Unsere Stärke, unseren Mut
Mit Rat und Tat stehen ältere
Den Jüngeren zur Seit´
Familie heißt „Gemeinsam
Sind wir stets zu allem bereit"
In Wahrheit doch ist dieses Bild
Häufig nur Illusion
Durch Streit und Leid gibt´s hier und dort
Plötzlich ein Bataillon

Egal an welchem Ort der Welt
Familien gehen kaputt
Die Privilegien, allesamt
Liegen brach, in Asch´ und Schutt
So oft ist falscher Stolz der Grund
Und fehlende Empathie
Solange Egoismus waltet
Lernen wir es nie
Familie heißt auch Akzeptanz
Für jeden, wie er ist
Und dass man nicht die Art zu leben
An seiner eigenen misst
Wir sollten uns besinnen
Seh´n, was wahrhaft für uns zählt
Denn meist wird dies erst dann erkannt
Wenn die Familie fehlt

Feuer

Du tanzt vor meinen Augen
Und du wiegst dich sacht im Wind
Hast keine festen Formen
Du bewegst dich so geschwind
Ich kann dich nicht berühren
Denn du bist unsagbar heiß
Mit dir zu spielen wär´ fatal
Was jedermann wohl weiß
Doch du bist unentbehrlich
Schenkst mir Wärme und das Licht
Du gibst mir schier Geborgenheit
Während die Nacht anbricht
Ich sehe dir so gerne zu
Beobachte die Farben
Von hellem Gelb bis dunklem Rot
Ich kann mich an dir laben
Und meine Augen folgen dir
Sie sehen dem Flackern zu
Du bist das wahre Wohlgefühl
Der Innenbegriff der Ruh´
Drum zünd´ ich dich beinahe täglich
An, in meinem Haus
Auf Kerzen oder im Kamin
Siehst du anmutig aus

Finsteres Herbstgesicht

Grau in Grau und trist und kühl
Auch dies ein Herbstgesicht
Wo gestern noch die Blätter rot
Und Gold im Sonnenlicht
Wo Kronen prall die Bäume schmückten
Lebhaft, bunte Pracht
Den Tieren ein zu Hause schenkten
Und der Erd´ ein Dach
Wo Leere und Vergänglichkeit
Von kahlen Ästen zeugt
Dies Herbstgesicht dem Frohmut sich
Mit finst´ren Blicken beugt
Im tiefen Nebel scheint zu ruh´n
Die Welt und ich mit ihr
So düster war es lange nicht
Dort draußen und in mir
Am Fenster sitz´ ich, seufzend und
Ich schau´ zum Himmel rauf
Ich such´ die Sonne hinter diesem
Dunklen Grauverlauf
Doch finden kann und werd´ ich sie
Am heut´gen Tage nicht
So hoffe ich auf morgen und
Ein strahlendes Herbstgesicht

Gerechtigkeit

Per Gesetz das Richtige oder Falsche tun
Gerechtigkeit als Heiligtum
Ist es so einfach, so simpel, so leicht?
Was, wenn Gerechtigkeit weiter reicht?

Im Handeln, im Sprechen, im Werten, im Sein
Jeder denkt zuerst an sich allein
Gesetze und Regeln zeichnen den Weg
Den Rahmen, in dem sich ein jeder bewegt
Der Mensch sollte sich darauf beruh´n
Und niemandem etwas Böses tun

Gerecht wäre doch, nicht nur sich zu sehen
Nicht nur auf das eigene Recht zu bestehen
Doch was, wenn der Rahmen gebrochen wird
Und sich ein jemand dahinter verirrt

Wer urteilt denn, wer stellt denn klar
Natürlich sind dafür Gerichte da
Doch nur mal drüber nachgedacht
So wurden schon schlimme Kriege entfacht

Stattdessen sollte man doch meinen
Gerechtigkeit würde uns Menschen vereinen
Hielten sich alle an einen Satz
So gäben wir der Gerechtigkeit Platz

„So gerecht ich von jedem behandelt werden mag´
so gerecht behandele ich jeden - an jedem Tag"

Gesenkter Blick

Traurig senk´ ich meinen Blick
    Denk´ an eine Zeit zurück
    Als Lachen noch Routine war
    Und ich den Tränen selten nah
    Als Freude großgeschrieben wurd´
    Und Ängste schienen schlicht absurd
    Als die Gedanken frei und gut
Fernab waren jeder Wut
    Es war einmal, es ist nicht mehr
    Für mich gibt´s keine Wiederkehr
    Gedemütigt und stark beschmutzt
    Fühle ich mich ausgenutzt
    Wo meine Würde nicht gesehen
    Ist Unvorstellbares geschehen
    Wo mein Wille übergangen
    Ward ich fremdbestimmt gefangen
Konnt´ nicht entfliehen, nicht entkommen
    Das Böse hat den Kampf gewonnen
    So blieb ich tief verletzt zurück
    Und senke seither meinen Blick
    Verloren hab´ ich das Vertrauen
    Auf das ich wollte ewig bauen
    Pein und Wut stattdessen sind
    Alles, was ich in mir find´
    Angst und Hass im Vordergrund
    Dunkelgrau scheint nichts mehr bunt
    Der Schleier vor den Augen bleibt
    Das Bild in meinem Blick verweilt
Kann nicht vergessen, nicht verzeihen
    Denn was geschah, bestimmt mein Sein
    So schau ich mit gesenktem Blick
    Auf die Zeit davor zurück

Und wünsche mir bei all´ der Kraft
    Mit der ich es bis hier geschafft
    Dass mein gesenkter Blick sich hebt
    Und die Erinnerung vergeht

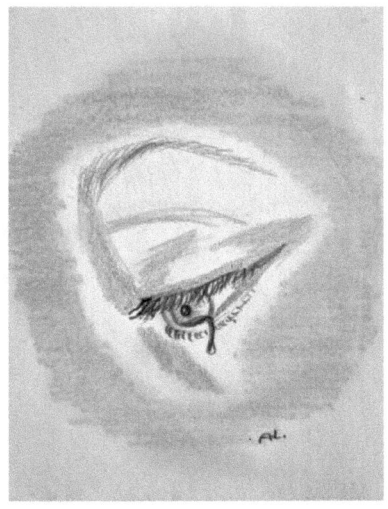

Gewählte Isolation

Gewählte Isolation, was heißt das
Ich versuch´ es zu erklären
Denn ich kann sie so lange schon
Für mich nicht mehr entbehren
Ich leb´ komplett zurückgezogen
Die Angst unsagbar groß
Es könnte wieder was passieren
Was täte ich dann bloß
Ich habe schon so manchen
Mein Vertrauen schier geschenkt
Doch einige haben dieses
In die Dunkelheit gelenkt
Allein sein heißt verzichten
Doch es heißt auch Sicherheit
Noch einmal in Gefahr sein
Dazu bin ich nicht bereit
So wählte ich ein Leben
Welches ähnlich dem Lock down
Mit unwahrscheinlich starken Mauern
Höher als jeder Zaun
Die Menschen von mir fernhält
Niemand kann durch Mauern gehen
Und wenn, dann sind es Frauen
Die versuchen, zu verstehen
An manchen Tagen fehlt mir
Der Kontakt zur Außenwelt
Doch rasch besinne ich mich
Denn ich weiß, was wirklich zählt
Der Schmerz und all die Tränen
Schlicht allgegenwärtig sind
Für mich gibt´s nur den Rückzug
Und die Angst in mir gewinnt

In meinen Schuhen

An manchen Tagen möcht´ ich weinen
Leis´ und heimlich vor mich hin
Schreien, fluchen, um mich schlagen
All das macht doch keinen Sinn
Ich will versinken, tief im Boden
Will nichts mehr, als meine Ruh´
Doch mein Kopf, er hält nicht inne
Bilder kommen, immerzu
Grau und finster meine Welt
Sonnenstrahlen fort
Dunkelheit ist überall
Dies ist kein schöner Ort
Ich mache meine Augen zu
Und kämpf´ dagegen an
Ich stell´ mir vor, ich sitz´ am Meer
Und nichts kommt an mich ran
Wo die Wellen am Stein zerschellen
Und unter mir der Sand
Wo die Sonne Farbe trägt
Ein rötliches Gewand
Doch, so sehr ich es versuch´
Die Dunkelheit kehrt ein
Dichte Wolken ziehen auf
Zerstören diesen Schein
Ich kann nicht fort aus meiner Welt
Ich kann dem nicht entfliehen
Und kaum jemand, der mich so sieht
Kann es nachvollziehen
Missverstanden, ungesehen
Zieh ich mich zurück
Kalt und leer und hoffnungslos
Senke ich den Blick

All das, was ich stets spüren muss
Kannst du nicht verstehen
Denn, Gott sei Dank, du musstest nie
in meinen Schuhen gehen

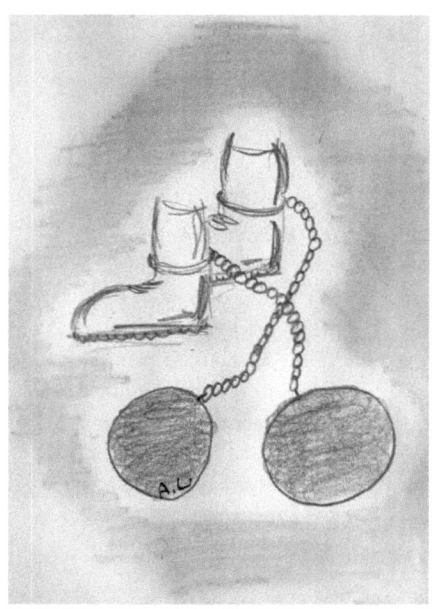

Jahreszeiten

Wo ist Anfang, wo ist Ende
Wann beginnt's von vorn
Ist im Nichts oder in allem
Die Natur gebor'n
Wenn alles trist und kahl erscheint
Und Hoffnung weit entfernt
Die Sonne nähert sich Stück um Stück
Die Erde sacht erwärmt
Knospen, Samen, Keimlinge
Erwachen sanft und leis'
Unaufhaltsam schmilzt zugleich
Auch das letzte Eis
Allmählich färbt die Welt sich bunt
Und alles Leben erwacht
Die Natur zeigt blühend sich
In ihrer Farbenpracht
Die Sonne an dem höchsten Punkt
Hell und lang der Tag
Und jedes Lebewesen hofft
Bei Nacht auf Niederschlag
Wenn alle Früchte reif und prall
Als Nahrung stehen bereit
Dann naht das Ende dieser warmen
Friedvollen Sommerzeit
Der Herbst kehrt ein und mit ihm
Ziehen kühle Winde auf
Alle Farben tauchen ein
Im sanften Goldverlauf
Die Nächte werden länger
Und die Tage werden kühl
Unter dem gefallenen Laub
Herrscht ein reges Gewühl

Wo kahle Äste, Felder und
Auch Seen glänzen rein
Zieht mit Frost und Schneegestöber
Nun der Winter ein
Tiefgefroren, glänzend, schön
Scheint die Natur zu ruh´n
Doch unter Schnee und Eis bedeckt
Mag manches sich doch tun
Und schau, sobald die Sonne sich
Wieder wärmend zeigt
Weicht der Winter und der Frühling
Steht erneut bereit

Kerze des Lebens

Ein jeder Mensch hier unter uns
Und auch im Himmelsreich
Wer deine Seele einst berührt
Nie aus dem Leben weicht
Egal wie jung, egal wie alt
Das Gehen scheint zu früh
Und auch so sehr ich es versuch´
Verstehen werd´ ich´s nie
Der Tag zu kurz, die Nacht zu knapp
Die Zeit vergeht im Flug
Am Ende fragt sich jeder doch
„Ist ein Leben genug?"
Ein niemand weiß, wie lang´ die Kerze
Seines Lebens brennt
Und welchen Zeitpunkt sie zum Gehen
Heuer leis´ benennt
Doch fürchte nicht den Augenblick
Er ist kein Ende - nein
In dem Moment, für alle Zeit
Wirst Du zum Kerzenschein
So lass uns weis´ und liebevoll
Die Lebzeit hier verbringen
Mit purer Freud´ und Zuversicht
Das Lied des Lebens singen
Und halte fest im Herzen was einst
Deine Seel´ berührt
Denn einzig die Erinnerung
Zum ew´gen Leben führt

Mein Freund - mein Feind

Du warst für mich ein wahrer Freund
Ein Anker, der mich hält
Warst für mich da, zu jeder Zeit
Ich hätt´ dich nie verprellt
Doch was ist dann mit dir geschehen
Ich hatte dir vertraut
Warum hast du das getan
Woran ich nie geglaubt
In all der Zeit hätt´ ich für dich
Mein letztes Hemd gegeben
Bis zu diesem einen Tag
Ich wollt´ ihn nie erleben
Ich hätt´ es dir nie zugetraut
mich so tief zu verletzen
An diesem Tag verlernte ich
Dich als Freund zu schätzen
Ich seh´ dich heut mit and´ren Augen
Tränengefüllt und leer
Wo einst enge Freundschaft war
ist heute gar nichts mehr
Nur Hass und Wut und Ängste sind
Mit deinem Antlitz da
Will nur vergessen, abschließen
Mit alledem, was war…

Mein Mann

Und plötzlich stand er vor mir, ja ich weiß es noch wie heut´
Aufgefallen vor´m Tresen zwischen all den anderen Leut´
Wir sahen uns recht häufig und ich überlegte lang

Ich war in festen Händen, doch nicht glücklich mit dem Mann
Und dann kam unser Zeitpunkt, Liebe kann man nicht
erklär´n
Ich ließ Vergangenes hinter mir und zog zu meinem Stern
So nannte ich ihn fortan, trag ihn unter meiner Haut
Denn Stern bedeutet Schicksal, welchem ich mich anvertraut

Für einen gefühlten Augenblick waren wir zu zweit
Mit einem runden Babybauch trug ich mein Hochzeitskleid
Nach nicht einmal zwei Jahren ward das größte Glück gebor´n
Wir sahen nun als Familie in die Zukunft, stets nach vorn
Doch leider wütete in mir das Trauma, Tag und Nacht
Es hat uns schwere Stürme ins Familienleben gebracht
Mein Mann stand mir zur Seite, jeden Schritt ging er mit mir
Mit absoluter Ruhe und der Hoffnung im Visier
Bis unser engster Freund dann einen Fehler schier begang
Er kam mir viel zu nah und alles fing von vorne an
Schweigend zog ich mich zurück, ich konnt´ es ihm nicht
sagen
Die Männerfreundschaft zu zerstören wollt ich mich nicht
wagen
Doch Einsamkeit und Unverständnis waren das Resultat
Und so erzählt´ ich meinem Mann von dieser furchtbaren Tat
Nach dem Moment des Schreckens stand für meinen Mann
nur fest
Dass er mich auch in dieser Zeit niemals alleine lässt

Ich weiß nicht, woher er diese enorme Stärke nimmt
Als Ruhepol und Anker scheint er schier für mich bestimmt
Ich bin dem Himmel dankbar, er hat mir den Stern geschickt
Der nun seit fast elf Jahren jedem Sturm ins Auge blickt
Mein Mann schenkt mir die Zuversicht und Stärke, jeden Tag
Kann nicht in Worte fassen, was er mir bedeuten mag
Von ganzem Herzen liebe ich den Mann an meiner Seit´
Daran wird sich nichts ändern – bis in alle Ewigkeit

Meereswelt

Unendliche Weite in tiefem Blau
An einigen Stellen dunkelgrau
In Wirklichkeit schlicht farblos ist
Doch „blaues Meer" klingt nicht so trist
Beherbergt zig verschiedene Arten
Lebensformen, die verharrten
Katastrophen überlebt
Neue Zeiten angestrebt
Im Meer gibt es so viel zu sehen
Wo Fische ihre Runden drehen
Korallen in bunter Farbenpracht
Als Wiesen wohl einst angedacht
Wo große Wale lautlos gleiten
Seepferdchen durch´s Wasser reiten
Clownfisch in der Anemone
Am Meeresgrunde die Skorpione
In den Höhlen die Muränen
Haie mit einhundert Zähnen
Kalamarien tänzelnd schwimmen
Mit den kleinen Wasserspinnen
Fasziniert könnt´s weiter gehen
Ist noch so viel mehr zu sehen
In der schönen Meereswelt
Unter unserem Himmelszelt

Mein Rücken

Zweitausendfünfzehn wurde ich
Am Rücken operiert
Man hatte schlicht zwei Wirbel
In der LWS fixiert
Der Ursprung hierfür liegt jedoch
Im Jahr zweitausendsieben
Ein Autounfall, ziemlich schwer
Hat mich dorthin getrieben
Es war mein vierundzwanzigster
Geburtstag und ich trug
An diesem Unfall keine Schuld
Was nichts zur Sache tut
Neoarthrosen nennen sie es
Die Knochen wachsen schier
Nun trag´ ich ein Titangerüst
Auf ewig wohl in mir
Ach hätt´s doch wenigstens ein bisschen
Linderung gebracht
Stattdessen hab´ ich starke Schmerzen
Tags und auch bei Nacht
Ich möcht´ behaupten, dass es nur
Noch schlimmer wurd´ seither
Dass die OP vor gut sechs Jahren
Für mich bleibt folgenschwer
Denn seitdem bin ich Rentnerin
Und hab´ so viel verloren
Es fühlt sich an, als hätt´ der Schmerz
Meinen Körper eingefroren

Ich trage Schmerzschrittmacher
Nehme täglich mein Morphin
Und dennoch kann ich keine Wege
Ohne Schmerzen gehen
Ob´s eines Tages besser wird
Ich weiß es ehrlich nicht
Im Spiegel seh´ ich jeden Tag
Die Hoffnung im Gesicht
Denn Ärzte und die Mediziner
Forschen unentwegt
Sie werden eine Lösung finden
Durch die der Schmerz sich legt

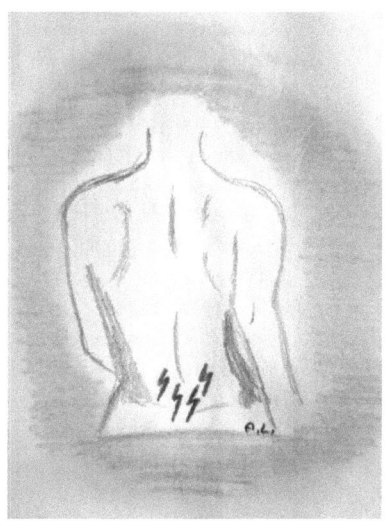

Mein Sohn

Und plötzlich war da was in mir
Ein unbekanntes Gefühl
Du wuchst heran von Tag zu Tag
In mir geschah so viel
Ein Wunder, überwältigend
Mit Worten nicht zu erklär´n
Ich sehnte den Moment herbei
Meinen Engel zu gebähr´n
Es war weiß Gott kein leichter Weg
Doch dann, schier warst du da
Der Sinn des Lebens wurde mir
in diesem Augenblick klar
Mit deinem ersten Atemzug
Zog das Schöne ein
Das Leben auf den Kopf gestellt
Nichts wird wie vorher sein
Seit diesem Tag, deiner Geburt
Leb ich nicht nur für mich
All mein Tun und all mein Sein
Richte ich auf dich
Du bist für mich der Sonnenschein
Der Grund, nie aufzugeb´n
Nicht einen Tag vermag ich heuer
Ohne dich zu leb´n
Du schenkst mir Kraft und Zuversicht
Erhellst jeden dunklen Tag
Du wärmst mein Herz und klärst meinen Blick
Wie´s niemand sonst vermag
Ich bin so dankbar, voller Stolz
Es gibt kein Wort dafür
Nichts kann beschreiben, was ich stets
In meinem Herzen spür´

Du bist der Puls, der Sauerstoff
Das stete Rad der Zeit
Du bist der Sinn in meiner Welt
Für alle Ewigkeit
Ich schwöre dir, mein kleiner Schatz
Ich werd´ dich immer lieben
Ich werde alle bösen Mächte
Um dich herum besiegen
Ich steh´ dir bei mit Rat und Tat
Werd´ immer bei dir sein
Bei allem, was da kommen mag
Bist du nie allein
So wachs´ heran, entfalte dich
Spreiz deine Flügel auf
Hab Träume, Mut und Fantasie
Und alles nimmt seinen Lauf

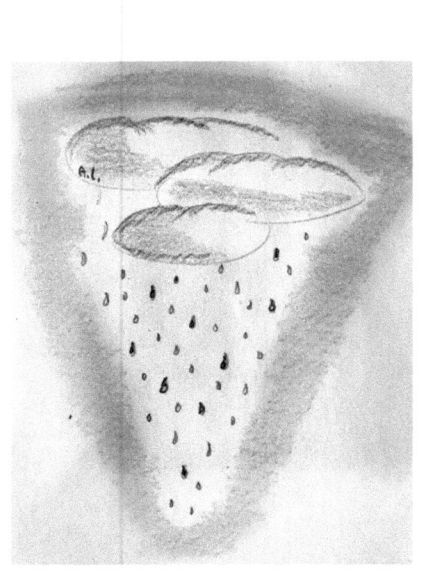

Regentropfen

Horch, dies´ Rauschen, leis´ doch laut
Wie´s knistert im Geäst

Ein Vögelchen kaum hörbar zwitschert
Nicht sein Heim verlässt

Fröhlich tänzelnd wiegen die Blätter
Hin und her im Wind

Kleine Tropfen haben das Lied
Des Regens angestimmt

In absoluter Präzision
Wie Fäden dicht an dicht

Wie Diamanten funkelnd
Brechen sanft das Tageslicht

So trommeln sie ganz unentwegt
Im Takt auf´s Erdendach

Versiegen hier und fließen
In des Lebens reinen Bach

Ein jeder Regentropfen
Spricht die Sprache der Natur

So achtet ihn und haltet rein
Des Lebens wahre Spur

Ronald

Vor zwanzig Jahren traf ich dich
Schon damals war´s nicht leicht
Ich brauchte Hilfe, einen Freund
Der mir die Hände reicht
Du hast mir ohne Zögern
Deine Freundschaft schier geschenkt
Und die bestand nicht nur aus Glück
Wenn man die Zeit bedenkt
In der wir beide angelogen
Ausgenutzt, verletzt
Von unseren Partnern nur betrogen
Und ins Aus versetzt
Doch du und ich, wir hielten stand
Und tun dies auch bis heut´
Ich hab nicht einen Tag von unserer
Freundschaft je bereut
So viele wunderbare Zeiten
Durften wir erleben
Im Steinbruch und in der Dom. Rep.
Haben wir stets Gas gegeben
So schwelg´ ich in Erinnerungen
Denke gern´ zurück
Mit Dankbarkeit und Stolz
Erhebe ich heut meinen Blick
Wenn unsere Kinder sich beim Spielen
In die Augen sehen
Dann hoff´ ich, dass hier Freundschaften
Wie unsere entstehen
Die Zukunft, nicht vorhersehbar
Doch eines ist gewiss
Dass du als mein „bff" stets
In meinem Herzen bist

Schritte

Einen Schritt nach dem anderen
Geh´ ich mit Bedacht
Während einer nicht gesehen
Der andere Stürme entfacht
In der Hoffnung lebe ich
Nie falsch abzubiegen
Mauern überwinde ich
Statt darüber zu fliegen
So manches Mal bin ich gestolpert
Und böse hingefallen
Doch aufgestanden, der nächste Schritt
Nicht jedem zum Gefallen
Ich kämpfe ohne Unterlass
Und gegen mein eigenes Leid
Stets im Glauben, dass der Weg
Mich eines Tages befreit
Ein jeder Schritt, er kostet mich
So unheimlich viel Kraft
Doch ich weiß, zurückblickend
Hab´ ich schon viel geschafft
An manchen Tagen bin ich müd´
Die Füße wollen nicht mehr
Vergieße Tränen, ganze Seen
Zu glauben fällt dann schwer
Doch stark ist, wer trotz all dem Schmerz
Seine Schritte geht
Und mit guten Absichten
neue Hoffnung sät
So hab´ ich Ziele vor den Augen
Weiß, wohin ich will
Gerechtigkeit wird einkehren
Die Seen ruh´n dann still

Mit jedem Schritt komm ich dem Frieden
Stetig etwas näher
Befreit von Schmerz und Leid und Wut

ICH WÜNSCH ES MIR SO SEHR

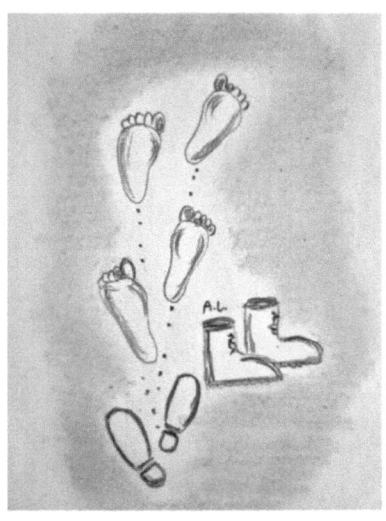

Silvester 20/21

Das alte Jahr ist nun vorbei
Doch anders als bekannt
So wurde zwanzigzwanzig nur
„Corona- Jahr" genannt
Am ersten ersten zwanzig war
Die Freud´ in aller Mund
Die große Masse feierte
Den Neujahrstag gesund
Genau ein Jahr ist dies nun her
Und nichts ist, wie es war
Die Vorsätze, die üblich waren
Sind heute nicht mehr da
Stattdessen ist der größte Wunsch
Von mir und wohl auch euch
Dass Fremdbestimmung enden mag
Durch die Corona- Seuch
Dass Zuversicht und Hoffnung wehrt
Für uns und jedermann
Und dass das Miteinander wieder
Unbeschwert sein kann
Besinnen möchte ich mich nun
Von Dankbarkeit erfüllt
Denn zwanzigzwanzig hat uns auch
Das Wichtigste enthüllt
Familie, Freunde, Freiheit
All das war für uns normal
Doch nichts ist selbstverständlich
Dies zu glauben wär´ fatal
So lasst uns dieses neue Jahr
Bewusster als zuvor
Mit Liebe, Freud´ und Zuversicht
Besingen, laut im Chor

Ein Hoch auf die Veränderung - Ein Hoch auf unseren Mut
Wir geben nicht auf, wir glauben fest - am Ende wird es gut

Sternenhimmel

In weiter Ferne, über mir
In tiefster Dunkelheit
Funkeln tausend kleine Lichter
Schon seit ew´ger Zeit
So winzig und doch wunderschön
Fügen sie sich dem Mond
Der anmutig, in voller Größe
inmitten ihrer thront
Alles scheint so friedlich und
So grenzenlos zu sein
Unendliche Weite,
Galaxie im Sonnenschein
Ich denke mich ganz zauberhaft
Auf einen kleinen Stern
Und lasse meine Sorgen und
Mein Leid hier in der Fern´
Die Ruhe und Beständigkeit
Tun meiner Seele gut
Als Teil des Sternenhimmels
Schöpf´ ich Kraft und neuen Mut
Ein letzter Blick in dieser Nacht
Die Müdigkeit kehrt ein
So schließen meine Augen sich
Und ich schlaf´ lächelnd ein

Urlaub

Wenn ihr an das Wort Urlaub denkt, was fällt euch dazu ein
Verbringt ihr diesen in Familie, oder gar allein
Gibt es den einen Ort, oder gar mehrere zum Ruhen
Wo Freude und Entschleunigung der Seele schier guttun

Die einen bleiben zu Hause, während andere fortfliegen
Egal an welchem Ort, es gilt den Alltag zu besiegen
Für mich persönlich gibt es da zwei Orte dieser Welt
An denen es mir schlichtweg ohne Einschränkung gefällt

Zum einen ist es Kreta, eine Insel, traumhaft schön
So oft war ich schon da, doch hab´ längst nicht alles gesehen
Die Menschen hier sind freundlich, aufgeschlossen jederzeit
Sie halten stets ein Lächeln ganz egal für wen bereit

Und neben ihnen die Natur, die mich schlicht fasziniert
Die Berge und die Blütenpracht, so herrlich arrangiert
Olivenbäume findet man, soweit das Auge reicht
Sie sind charakteristisch, was den Charme noch unterstreicht

Strände, ganz verschieden, mal aus Sand und mal aus Stein
Versteckte Buchten, Felsen, die ins Meer ragen hinein
Und abends gehen die Menschen laut und fröhlich miteinand´
Auf die Straßen, tanzen den Sirtaki Hand in Hand

Doch während dessen ist an einem anderen Ort der Welt
Ein schönes Plätzchen, wo es mir genauso gut gefällt
Ägypten heißt das Land, in welchem Marsa Alam liegt
Wo Ruhe und Besinnlichkeit über alles siegt

Ich rede nicht von Pyramiden oder Wüstensand

Wofür das Land Ägypten wohl in aller Mund bekannt
Mit Nichten, denn was mich persönlich hier so fasziniert
Das ist die Unterwasserwelt, und das, was dort passiert

Der Meeresboden ist geschmückt, Korallen in allen Formen
Farbenfroh, mal samtig weich und mal mit spitzen Dornen
Die Riffhaie und Rochen gleiten friedlich durch das Meer
Hier unten herrscht die Ruhe, die ich stets so sehr begehr´

Auch Riesenschildkröten und große Seekühe sind hier
Sie ziehen voller Anmut elegant durch ihr Revier
Ich könnt´ noch so viel mehr erzählen, die Urlaubsstimmung steigt
Doch dies Gedicht sich nun allmählich seinem Ende neigt

Was Urlaub heißt kann jeder nur für sich allein entscheiden
Für mich sind´s die Erinnerungen, die auf ewig bleiben

Vögelchen

Horch´ was leis´ das Vöglein zwitschert
In der frühen Morgenstund´
Plustert sein Gefieder auf
Wirkt dadurch wahrlich kugelrund
So klein und furchtbar neugierig
Hat überall seinen Blick
So legt es wechselseitig stets
Sein Köpfchen ins Genick
Fröhlich hüpft es unentwegt
Im Baum von Ast zu Ast
Es scheint, als kennt dies Vögelchen
Schlichtweg keine Rast
Denn plötzlich, schau, die Flügel
Stell´n sich beinah´ magisch auf
Sie tragen es mit Leichtigkeit
Gen Himmel, hoch hinauf
Ach wär´ ich doch ein Vögelchen
Könnt´ fliegen wohin ich mag

Ein jeder Ort wär´ schnell erreicht
Mit einem Flügelschlag
Ich schau dem Vöglein hinterher

Und lausche still dem Wind
Der mit all den Vögelchen

Das Lied der Freiheit singt

Weihnacht in Kinderaugen

Wo Kinderaugen funkeln
Wie ein klares Sternenmeer
Weitgeöffnet, fasziniert
Die Herzen schlagen höher
Der Glanz der Weihnacht
Ist beinahe überall zu sehen
Strahlend, in so vielen Farben
Einfach wunderschön
Wenn ein Advent dem nächsten folgt
Und Kinder öffnen Türen
Dann zünden wir die Kerzen an
Und können die Wärme spüren
Durch ihre Augen blicken
Und den Geist der Weihnacht sehen
Würd' helfen, diesen Glauben
An den Zauber zu verstehen
Erinner' dich, auch du hast einst
Durch Kinderaugen geschaut
Hast an Magie und Wunder
In der Weihnachtszeit geglaubt
Den Weihnachtsmann und seine Elfen
Gibt es, es ist wahr
Denn Kinderaugen sehen sie
Und das ist wunderbar

Wintermorgen

Wo ist die Welt, sie scheint versteckt
Unter der weißen Pracht
Der Schnee fiel sanft und lautlos wohl
Die ganze letzte Nacht
Verschlafen und so friedvoll

Alles liegt im Schnee verborgen
Ich tauche ein, vergesse schier
Für den Moment die Sorgen
Kein Windchen weht, kein Tier am Boden

Nur die Vögel singen
Während sie im Baum
Von schneebedeckten Ästen springen
Die Kinder werden langsam wach

Und schauen zum Fenster raus
Der Blick ins Winterwunderland
Löst pure Freude aus
Nun ist´s vorbei mit dieser Ruh´

Die Menschen strömen hinaus
Bau´n Schneemänner und hol´n
Zum rodeln ihre Schlitten raus
Doch ich verweil´ noch etwas

Und genieß´ den Augenblick
Denn dieser Wintermorgen

Hat mich ganz und gar entzückt

Wie im Märchen

Ein Tag, wie aus dem Märchenbuch
Den gibt es für mich nicht
Noch immer schwärzt Erinnerung
Das helle Sonnenlicht
„Es war einmal" so fing es an
Ein Mädchen, sorgenfrei
Sang Lieder, tanzte fröhlich stets
Und war naiv dabei
Es war kein Prinz, der zu ihr kam
Es war der Teufel selbst
Der fortan sich in ihrem Kopf
Durch die Gedanken wälzt
Und da der Teufel nicht allein
Sein böses Werk verübt
Hat Jahre später sein Gehilfe
Sie erneut getrübt
Das „happy end", die Fröhlichkeit
Im Märchen schier beschrieben
Wurden für das Mädchen von
Den Teufeln fort getrieben
Was bleibt, ist der Gedanke
Manche Märchen werden wahr
Doch eben nicht für jeden
Das ist mir in Gänze klar

Mein Privileg

So lange schon, so lang wohl noch
Ich gehe meinen Weg
Es ist, als wäre er ein schmaler
Unendlicher Steg
Ein Steg, bei dem gar rechts und links
Mit Lava, glühend heiß
Der Abgrund auf mich wartet
Nach mir ruft, ganz still und leis
Ein Fehltritt in die falsche Richtung
Schon wär´ es vorbei
Ich atme tief und schließ die Augen
Zähle ruhig bis drei
Ein jeder Schritt auf diesem Steg
Ist essenziell für mich
Die Füße wollen nach vorne gehen
Der Kopf folgt oftmals nicht
Die Angst vor dem, was vor mir liegt
Beherrscht das Denken schier
Wie schwarzes Blut in meinen Adern
Ist sie stets bei mir
Doch Hoffnung schimmert vorsichtig
Und sachte durch mein Herz
Stellt sich der Angst entgegen
Spricht ganz leis´ zu mir „vorwärts"
So richte ich die Augen auf den Weg
Der vor mir liegt
Für den Moment hat Hoffnung
Meine Angst in mir besiegt
So lange schon, so lang wohl noch
Dies´ ist mein Lebensweg
Ich sammle meine Kräfte
Denn ich kenn´ mein Privileg

DANKSAGUNG

Warum? Das frag ich mich noch heut´
Wer gab euch denn das Recht
Mich zu verletzen, wegzuhör´n
Im leisen Wortgefecht
Ich sagte immer wieder NEIN
Und bat euch aufzuhör´n
Doch ihr hattet nur eins im Sinn
Meinen Willen zu zerstör´n
Ihr seid so unterschiedlich
Und doch hab ich euch vertraut
Wenn ich heut´ an euch denke
Schüttelt´s mich mit Gänsehaut
Ich weiß, ihr seid da draußen
Ohne Reue und Verstand
Ihr könnt nicht mal erahnen
Wohin ihr mich habt verbannt
Mein Leben, voller Angst davor
Dass noch mehr existieren
Noch mehr von eurer Sorte
Die schier großes Leid forcieren
Dank euch brauch ich kein Kino
Wahre Thriller sind in mir
Ganz ohne Eintrittskarten
Und mit eigener Manier
Dank euch entstehen Gedichte
Die aus meinem Leben zehren
Sie bündeln die Gedanken
Die in meinem Kopf verkehren
Dank euch leb´ ich zurückgezogen
Isoliere mich
Noch einmal blind vertrauen
Werde ich ganz sicher nicht

Dank euch ist meine Welt nicht mehr
Die jene, die sie war
So wunderschön sie sich auch zeigt
Stets lauert die Gefahr

Ich danke euch für gar nichts
Denn ein Danke wär´ zu viel
Stattdessen wünsche ich euch nur
Ein elendes Exil

LEONA STARK